BEI GRIN MACHT SICH I
WISSEN BEZAHLT

- Wir veröffentlichen Ihre Hausarbeit,
  Bachelor- und Masterarbeit

- Ihr eigenes eBook und Buch -
  weltweit in allen wichtigen Shops

- Verdienen Sie an jedem Verkauf

Jetzt bei www.GRIN.com hochladen
und kostenlos publizieren

Anonym

Linguistische und soziolinguistische Aspekte des Spanglish. Die Sprache der Latinos in den Vereinigten Staaten

GRIN Verlag

Bibliografische Information der Deutschen Nationalbibliothek:

Die Deutsche Bibliothek verzeichnet diese Publikation in der Deutschen National-
bibliografie; detaillierte bibliografische Daten sind im Internet über http://dnb.d-
nb.de/ abrufbar.

Impressum:

Copyright © 2014 GRIN Verlag GmbH
Druck und Bindung: Books on Demand GmbH, Norderstedt Germany
ISBN: 978-3-656-91720-5

Dieses Buch bei GRIN:

http://www.grin.com/de/e-book/293808/linguistische-und-soziolinguistische-
aspekte-des-spanglish-die-sprache

GRIN - Your knowledge has value

Der GRIN Verlag publiziert seit 1998 wissenschaftliche Arbeiten von Studenten, Hochschullehrern und anderen Akademikern als eBook und gedrucktes Buch. Die Verlagswebsite www.grin.com ist die ideale Plattform zur Veröffentlichung von Hausarbeiten, Abschlussarbeiten, wissenschaftlichen Aufsätzen, Dissertationen und Fachbüchern.

Besuchen Sie uns im Internet:

http://www.grin.com/

http://www.facebook.com/grincom

http://www.twitter.com/grin_com

Humbolt-Universität zu Berlin

Philosophische Fakultät II

Institut für Romanistik

Seminar: Soziolinguistik

20.03.2014

Seminararbeit

Linguistische und soziolinguistische Aspekte des Spanglish – die Sprache der Latinos in den Vereinigten Staaten

Inhaltsverzeichnis

1. Einleitung

"English is essential for success in this country[1]" sagte einst Richard E. Ferraro, der Vorsitzende der Schulbehörde von Los Angeles. Wahrscheinlich hat er zu diesem Zeitpunkt die große und sehr stark wachsende spanischsprechende Gesellschaft in den USA noch nicht kommen sehen.

Das erste Kapitel beschäftigt sich mit den Hispanics in den USA. Ich gehe der Frage auf den Grund, wie es dazu kam, dass dort heutzutage so viele Spanischsprecher leben. Außerdem zeige ich Definitionen zu den Begriffen „Latino" und „Hispanic", wie die Spanischsprecher in den USA genannt werden bzw sich selbst nennen. Welche Unterschiede und Probleme gibt es hinsichtlich der Benennung der keinesfalls homogenen Gruppe der Latinos? Welche anderen Minderheitensprachen existieren neben Spanisch und wie sind deren Verhältnisse in Bezug auf die Muttersprachler?

Im zweiten Kapitel werde ich auf den Sprachenkontakt Spanisch-Englisch eingehen und dabei zwei wichtige Begriffe aus der Soziolinguistik erläutern, die im Fall des Spanglish wichtig sind und aus dem Sprachkontakt resultieren: Bilingualismus und Diglossie.

Das dritte Kapitel ist dem linguistischen Phänomen Spanglish gewidmet. Anfangs werde ich erläutern, woher das Wort Spanglish kommt und verschiedene Definitionen und Positionen aufzeigen. Weiterhin folgt die sprachliche Analyse, die ich hinsichtlich der Bereiche Phonologie, Morphologie und Semantik vornehmen werde. Zudem beschäftige ich mich mit Code-Switching, das eine wichtige Charakteristik des Spanglish verkörpert. Ebenso werde ich eigene prinzipielle Funktionen des Code-Switchings nennen und die Arbeit mit einem Gedicht auf Spanglish abschließen, das den inneren Kampf der in den USA lebenden Latinos um ihre bi-nationale Identität sehr gut zeigt.

---

[1] Hiermit meint er die USA

3

2. Die Hispanics in den Vereinigten Staaten

Seit langem gelten die Vereinigten Staaten als typisches Beispiel einer Nation mit der Bezeichnung Schmelztiegel. Sie bestehen aus einer Vielzahl von Gruppierungen verschiedener Wertvorstellungen, Normen, Handlungsweisen, Denkweisen, Traditionen, Religionen, Kulturen und auch Sprachen. Aufgrund der Entdeckung Amerikas 1492 und der Besiedlung durch die Europäer kamen Immigranten verschiedener Nationen zusammen. Eine Migrantengruppe hat sich jedoch in ihrer Größe durchgesetzt: die Spanischsprecher in den USA. „The Hispanic population continues to be the largest and fastest growing linguistic minority in the United States" (Lipski/Roca 1993: 2). Die sogenannten „Hispanics" oder „Latinos" stammen aus den spanischsprachigen Ländern Mittel – und Südmerika, vorwiegend aber aus Mexiko, Puerto Rico und Kuba (vgl. Lipski 2003: 231). Ein Großteil kam weitgehend im 20. Jahrhundert, viele davon nach dem Zweiten Weltkrieg. Mit 50,5 Millionen Einwohnern machten die Hispanics 16% der 308,7 Millionen Einwohner Amerikas aus (U.S. Census Bureau 2010). Die meisten Hispanics leben heutzutage in Kalifornien, New Mexico, Texas, New York und Florida. „Nach Schätzungen des USCB von 2008 wird die Bevölkerung der Vereinigten Staaten von Amerika auf 439 Millionen im Jahre 2050 wachsen. Das wäre ein Zuwachs von über 130 Millionen Menschen. Die hispanische Bevölkerung könnte auf 133 Millionen wachsen und würde damit mehr als ein Viertel der Gesamtbevölkerung stellen" (Citizen Times Redaktion 2011: 1).

2.1 „Hispanics" und „Latinos"

Argentinische Gärtner, puertoricanische Millionärssöhne, bolivianische Professoren, kolumbianische Reinigunskräfte, hellhäutige Mexikaner und dunkelhäutige Kubaner. Diese Personen stellen „keine homogene Gruppe" dar (Winkelmann 2007: 4) und trotzdem fallen sie laut des USCB unter die Begriffe „Hispanics" oder „Latinos":

> "Hispanic or Latino" refers to a person of Cuban, Mexican, Puerto Rican, South or Central American, or other Spanish culture or origin regardless of race.

Das *Merriam-Webster Online Dictionary* hingegen definiert Latino als Substantiv folgendermaßen:

> Origin: American Spanish, probably short for *latinoamericano* Latin American
> First Known Use: 1946
> **1:** a native or inhabitant of Latin America
> **2:** a person of Latin-American origin living in the United States

Für hispanic als Adjektiv gibt es folgende Definition:

> Origin: Latin *hispanicus,* from *Hispania* Iberian Peninsula, Spain
> First Known Use: 1584
> **1:** of or relating to the people, speech, or culture of Spain or of Spain and Portugal
> **2:** of, relating to, or being a person of Latin American descent living in the United States; *especially*: one of Cuban, Mexican, or Puerto Rican origin

Der Begriff Hispanic kann, wie durch die unterschiedlichen Definitionen gezeigt, sehr strittig und unklar sein. Er impliziert auf der einen Seite alle aus Lateinamerika stammenden und in den USA lebenden Personen, gleichzeitig ist er auch eine Bezeichnung für die hispanistische Bevölkerung, „to some it is a term of ethnic pride, a link to Spain and *European* heritage. To others who simply can't identify with a European heritage, it can signify more than five hundred years of domination and struggle" (Field 2011: 13). In den 1970er Jahren von der Regierung der USA geprägt, wird der Begriff heutzutage außerdem immer noch meist von dieser verwendet.

Der Begriff Latino hingegen ist die bevorzugte Bezeichnung „der nach einer eigenen Identität strebenden Immigranten und deren Nachkommen selbst" (Fritzsche 2010: 5). Aber auch dieser Begriff ist nicht klar definiert. So könnten theoretisch alle Sprecher von romanischen Sprachen Latinos genannt werden, da diese vom Latein (englisch: latin) abstammen. So würden Italiener, portugiesisch sprechende Angolaner oder französisch sprechende Belgier auch Latinos genannt werden.

2.2 Spanisch in den Vereinigten Staaten

Was die Vereinigten Staaten als multikulturelle Gesellschaft mit sich bringen, ist offensichtlich die enorme Vielfalt an verschiedenen Sprachen. Dennoch ist eins deutlich: die Anzahl der Spanischsprecher übertrifft die der anderen bei weitem. Außerdem steht eins auch fest: Vor Kolumbien und Spanien ist USA „el segundo país en hispanohablantes. - En 2050 puede ser el primero, por delante de México" (Mantilla 2008).

5

Die folgende Tabelle basiert auf Daten des *United States Census Bureau, Language Use in the United States: 2011, American Community Survey Reports*, veröffentlicht im August 2013, und zeigt, wie groß die Anzahl der Muttersprachler der jeweiligen Sprachen ist, die in Amerika gesprochen werden.

Bevölkerung 5 Jahre und älter: **291 524 091 Einwohner**

Rang (Sprache)	Anzahl der Sprecher	Prozent
1. Englisch	230 947 071	79,22
2. Spanisch	37 579 787	12,89
3. Chinesisch	2 882 497	0,98
4. Tagalog	1 594 413	0,54
5. Vietnamesisch	1 419 539	0,48
6. Französisch	1 301 443	0,44
7. Koreanisch	1 141 277	0,39
8. Deutsch	1 083 637	0,37
9. Arabisch	951 699	0,32
10. Russisch	905 843	0,31
11. Französisch Kreolisch	753 990	0,25
12. Italienisch	723 632	0,24
13. Portugiesisch	673 566	0,23
14. Hindi	648 983	0,22
15. Polnisch	607 531	0,20

Tabelle Sprachen in den USA in Bezug auf die Anzahl der Muttersprachler

Die Tabelle liefert uns zwei wichtige Erkenntnisse: Englisch ist mit fast 80% unbestreitbar die Nummer Eins unter den Sprachen in den USA. Zweitens ist Spanisch die größte Minderheitensprache und übertrifft sogar alle anderen Minderheitensprachen, auch wenn man diese zusammenfasst. Worüber die Tabelle allerdings keine Informationen gibt, ist beispielsweise die Anzahl der bilingualen Personen unter den nicht englischsprechenden Muttersprachlern, die aber Englisch sprechen können. Wie viele der Spanischsprecher beherrschen denn auch Englisch? Ergibt sich hieraus die Anzahl der Spanglishsprecher? Oder zählen auch die Spanischsprecher dazu, die des Englischen eigentlich gar nicht mächtig sind, sondern nur einige Wörter und Phrasen kennen?

3. Allgemeine Begriffe der Soziolinguistik

"There is hardly a community in the world that does not show the effects of cultural and social contact among people." (Field 2011: 69). Sprachkontakt besteht, wenn Sprachen oder Varietäten einer Sprache aufeinander treffen. Gründe dafür sind größtenteils politische und historische Gegebenheiten. Migration ist ein wichtiger Grund, weshalb Sprachen miteinander in Kontakt treten, aber auch die Europäisierung und die Globalisierung der letzten Jahrzehnte trugen einen erheblichen Teil dazu bei. Tagtäglich werden wir mit Begriffen und Phrasen aus anderen Sprachen konfrontiert: Chili con carne zu bestellen oder sich noch schnell einen Coffee to go zu holen, scheint normal.

Nach Uriel Weinreich (1976) stehen zwei oder mehrere Sprachen miteinander in Kontakt, wenn sie von ein und demselben Individuum abwechselnd gebraucht werden. So wird die „psycholinguistische Begriffsbestimmung" definiert. Hierbei geht es um die Frage, was in den Individuen vorgeht, wenn sie abwechselnd zwei oder mehrere Sprachen sprechen. Allerdings können nicht nur einzelne Individuen im Fokus stehen, sondern ganze Gruppen und Gesellschaften. Wenn der Sprachkontakt in Gruppen stattfindet, spricht man von der „soziolinguistischen Begriffsbestimmung", mit anderen Worten: zwei oder mehrere Sprachen stehen miteinander in Kontakt, wenn sie in derselben Gruppe gebraucht werden (vgl. Riehl 2009: 11).

Die wechselseitige Beeinflussung von zwei oder mehreren Sprachen führt dazu, dass sich die Sprachen früher oder später annähern und/oder vermischen (vgl. Winkelmann 2007: 10) wie im Fall des Spanglish. Um solche Sprachkontaktphänomene erläutern zu können, müssen die Begriffe Bilingualismus und Diglossie beschrieben werden.

3.1 Bilingualismus

Lange Zeit belegten Studien unterschiedlichste negative Auswirkungen bilingualen Aufwachsens. Der frühe Erwerb mehrerer Sprachen wurde häufig mit Spracherwerbsverzögerungen, Sprachverwirrung, Überforderung, negativen Auswirkungen auf die allgemeine kognitive Entwicklung und mit einer erhöhten Gefahr für Identitätskonflikte in Verbindung gebracht. Zweisprachigkeit führe außerdem zu einer unterentwickelten Intelligenz behaupteten Forscher bis die 70er Jahre hinein.

7

In einer späteren Phase wurde Mehrsprachigkeit extrem positiv betrachtet und Mehrsprachigen wurden bessere kognitive Fähigkeiten, höhere Intelligenz sowie eine gesteigerte Kreativität zugeschrieben.

Generell versteht man unter Bilingualismus oder Zweisprachigkeit das Phänomen zwei Sprachen zu sprechen oder zu verstehen. Er entsteht als Folge von Sprachkontakt und ist eine Form der Mehrsprachigkeit.

Wie unterschiedlich der Begriff aber definiert werden kann, zeigen folgende Zitate:

> "The phenomenon of bilingualism [is] something entirely relative [...]. We shall there consider bilingualism as the alternate use of two or more languages by the same individual." (W.F. Mackey 1962 [Harding-Esch 2003: 23]).

Mackey (1962) spielt darauf an, dass Bilingualismus relativ ist. Relativ deswegen, weil es davon abhängt, wie häufig und zu welchen Zwecken der Sprecher welche Sprache gebraucht.

> "Unter Zweisprachigkeit ist die Zugehörigkeit eines Menschen zu zwei Sprachgemeinschaften zu verstehen, in dem Grade, dass Zweifel darüber bestehen können, zu welcher der beiden Sprachen das Verhältnis enger ist oder welche als Muttersprache zu bezeichnen ist oder mit größerer Leichtigkeit gehandhabt wird oder in welcher man denkt" (zitiert nach Fthenakis 1985: 16)

Hierbei wird von zwei Sprachen in beinahe Perfektion ausgegangen. Beide Definitionen beschreiben den individuellen Bilingualismus, der sich auf Einzelpersonen bezieht. Neben dem individuellen Bilingualismus existiert allerdings auch der gesellschaftliche Bilingualismus. Er herrscht vor, wenn ganze Gesellschaften zwei Sprachen sprechen; was aber nicht heißt, dass jedes Mitglied dieser Gesellschaft beide Sprachen sprechen muss. Der gesellschaftliche Bilingualismus kann weiterhin folgendermaßen unterteilt werden:

1. Innerhalb einer Gesellschaft werden zwei Sprachen von zwei verschiedenen Gruppen gesprochen, jede Sprechergruppe ist jedoch einsprachig. Es gibt nur wenige Individuen, die beide Sprachen beherrschen und für die Verständigung zwischen den Gruppen sorgen. Bsp.: früheren Kolonialstaaten, in denen die Kolonisten z.B. Englisch sprachen, die Kolonisierten hingegen ihre jeweiligen eigenen Sprachen

2. Alle Individuen in einer Gesellschaft sind mindestens zweisprachig. Bsp.: viele Gesellschaften Afrikas oder Asiens (Indien, Nigeria)

3. Eine Gruppe der Bevölkerung ist monolingual, die andere bilingual. Oft gehören die bilingualen Sprecher der unterdrückten, nicht-dominanten Gruppe an. Bsp.: Hispanics in den USA: Spanischsprecher sind oft gezwungen, Englisch zu lernen, wohingegen Englischsprecher meist monolingual bleiben (Winkelmann 2007: 12 [vgl. Frantzen 2004: 10f.])

3.2 Diglossie

Der Begriff Diglossie wurde 1959 erstmals von Charles Ferguson eingeführt, um die spezielle Beziehung zwischen zwei oder mehreren Varietäten derselben Sprache, die in einer Sprachgemeinschaft mit verschiedenen Funktionen verbunden sind, zu beschreiben. In seiner Arbeit *Diglossia* erläutert er diese klare funktionale Differenzierung. Vorallem die Koexistenz von regionalen Dialekten und Standardsprache oder von gesprochener Volkssprache zu geschriebener Hochsprache wird so bezeichnet.

> Diglossia is a relatively stable language situation in which in addition to the primary dialect of the language, which may include a standard or regional standard, there is a very divergent highly codified, often grammatically more complex, super-posed variety, the vehicle of a large and respected body of literature, heir of an earlier period or another speech community, which is learned largely by formal education and is used for most written purposes, but is not used in any sector of the community for ordinary conversation. (Ferguson 1959)

Jede Varietät hat eine andere Funktion in der Gesellschaft und wird zu bestimmten Situationen verwendet. Eingeteilt sind diese in eine niedrige (untergeordnete) Sprachvarietät (Low-Variety) und einer hohen (übergeordneten) Sprachvarietät (High-Variety). Die erstere wird in Alltagsgesprächen, beispielsweise mit Personen aus derselben Dialektgegend, unter Freunden und in der Familie gebraucht sowie in kulturellen und religiösen Anlässen. Letztere bei öffentlichen Anlässen, im Beruf, in der Schule, in den Medien. Die L-Varietät wird also mit dem informellen und die H-Varietät mit dem formellen Sprachstil gleichgesetzt. Die H-Varität besitzt ein höheres Prestige als die L-Varität, ist in Grammatik, Lexik und Stil komplexer sowie kodifiziert und normiert.

Fishman (1988) unterteilt die Beziehung zwischen Diglossie und Bilingualismus in vier Typen:

9

1. *Diglossie mit Bilingualismus*: In einem Land existieren mehrere Sprachen, aber nur eine davon ist die Standardsprache (High-Variety), die anderen sind Minderheitensprachen (Low-Varieties). Viele Sprecher, mindestens aber die Sprecher der Minderheitensprachen, sind bilingual. Bsp.: das Baskenland in Spanien

2. *Diglossie ohne Bilingualismus*: Zwei oder mehrere verschiedene monolinguale Einheiten werden unter einem politischem Dach zusammengebracht. Bsp.: Kanada, Belgien, Schweiz

3. *Bilingualismus ohne Diglossie*: Beide Sprachen kämpfen um die Verwendung in denselben Domänen. Die Sprecher sind unfähig, eine Aufteilung der Sprachen in bestimmte Domäne herzustellen, die notwendig wäre, um das Überleben der Low-Variety zu sichern.

4. *Weder Diglossie noch Bilingualismus*: Dieser Fall tritt in Ländern auf, die wenig von Immigration betroffen waren und deswegen größtenteils einsprachig sind.
   Bsp.: Korea, Kuba, Portugal, Norwegen

(Winkelmann 2007: 14)

Die Vereinigten Staaten haben de jure keine offizielle Amtssprache, jedoch ist Englisch die am meist verwendete Sprache und de facto die Amtssprache. Englisch wird von fast 80% der Nation als Muttersprache gesprochen und von vielen mehr als lingua franca. In den meisten Gemeinschaften und für die meisten Sprecher stellt Englisch die H-Varietät in den USA dar. Spanisch ist damit eine der L-Varietäten. Im zweisprachigen New Mexiko aber haben Englisch und Spanisch den gleichen Status. Wie hoch der Status einer Varietät ist, hängt davon ab, wie viele Sprecher dieser Sprache es gibt. In Kalifornien, Texas und Arizona, Staaten mit einem hohen Anteil an Spanischsprechern, ist der Status des Spanischen natürlich höher als beispielsweise in Maine oder Vermont, wo gerade ein Prozent der Bevölkerung Spanisch sprechen.

4. Spanglish

Der Terminus *Espanglish* oder die heute weiter verbreitere Form *Spanglish* wurde in den späten 1940er Jahren erstmals von Salvador Tío erfunden. Er ist, ganz einfach gesehen, eine Wortkombination aus den Sprachen *Spanish* und *English*. Das Oxford English Dictionary beschreibt es als "a type of Spanish contaminated by English words and forms of expression,

10

spoken in Latin America." Diese Definition lässt aber außen vor, dass Spanglish eigentlich in den USA zu Hause ist. Das American Heritage Dictionary definiert es neutraler als "Spanish characterized by numerous borrowings from English." Ilan Stavans (2003), der sich viel mit dem Phänomen Spanglish beschäftigt, ein Spanglish Wörterbuch herausbrachte sowie eine Übersetzung des ersten Kapitels des Don Quijote de la Mancha auf Spanglish verfasste (s. Anhang), beschreibt ihn als „the verbal encounter between Anglo and Hispano civilisations" ([zitiert aus Rothman/Rell 2005: 520]).

Nicht alle aber teilen die positive Haltung und das Interesse. Als Beispiel kann hier Odón Betanzos Palacios (2001), ehemaliger Präsident der Academia Norteamericana de la Lengua Española, genannt werden.

El *espanglish* es un problema temporal, pasajero y todo vendrá a su cauce normal cuando nuevas generaciones de hispanohablantes en Estados Unidos reconozcan y aprecien la bendición del bilingüismo.　　　　　　　　　　　　　　　　　　　　　　　([zitiert aus Lipski 2003: 3])

Betanzos Palacios bezeichnet Spanglish als temporäres Problem, was den Umständen entsprechend aber normal sei, denn durch das Auftreten neuer spanischsprechender Generationen in den USA entstehe Bilingualismus.

Der Literaturkritiker Roberto González-Echeverría (1997) äußert sich folgendermaßen:

"El spanglish, la lengua compuesta de español e inglés que salió de la calle y se introdujo en los programas de entrevistas y las campañas de publicidad, plantea un grave peligro a la cultura hispánica y al progreso de los hispanos dentro de la corriente mayoritaria norteamericana. Aquellos que lo toleran e incluso lo promueven como una mezcla inocua no se dan cuenta de que esta no es una relación basada en la igualdad."

"El espanglish es, sólo, medio de comunicación temporal ... Creo que no se han percatado del enorme error que cometen al querer hacer de amplitudes y querer enseñar una jerga de comunidades que ni siquiera podrán entender otras comunidades de sus cercanías."

([zitiert aus Lipski 2003: 3])

González-Echeverría beschwert sich über die negativen Auswirkungen des Spanglish. Er weist auf die Ungleichheit und somit die Unterwerfung der in den USA verwurzelten spanischsprechenden Gesellschaften hin. Denn Spanglish besteht meistens daraus, englische Wörter in den spanischen Wortschatz zu übernehmen. Außerdem sagt er ganz richtig, dass es verschiedene Arten von Spanglish gibt. Nicht nur das Spanisch der vielen Spanischsprecher in

11

den USA ist sehr unterschiedlich, sondern auch das Spanglish. Denn „there isn't one Spanglish but many" (Stavans 2003: 136). Deswegen würden diejenigen, die Spanglish vorantreiben wollen, einen großen Fehler begehen.

1.1 Sprachliche Analyse

1.1.1 Phonologischer/morphophonologischer Bereich

Hierbei handelt es sich um lexikalische Einheiten oder Teile einer Phrase, die von einer Sprache in die andere aufgenommen und auf phonologischem und morphophonologischem Level angepasst werden.

Zunächst soll angemerkt werden, dass Entlehnungen auf phonologischer Basis in Richtungen beider Sprachen, also sowohl vom Englischen ins Spanische, als auch vom Spanischen ins Englische, möglich sind. Ersteres wird aber deutlich öfter gebraucht. Das heißt: Wörter englischer Herkunft werden aus diesem Wortschatz ausgeliehen und mit den phonologischen Regeln des Spanischen ausgesprochen.

1. Cuando fuimo[h] al [super-marketa] la [babi-siter] e[h]taba en casa con la[h] niñas que jugaba[ŋ] a las [Barßie].

   When [we] went the supermarket the baby-sitter was home with the children who were playing Barbies. (Rothman 2002 [Bsp. aus Rothmann/Rell 2005: 521])

Das Beispiel wurde einem Gespräch mit einer salvadorianischen Frau entnommen, die seit über 25 Jahren in Los Angeles lebt. Sie selbst bezeichnet sich als monolingualen Spanischsprecher. Ihr Gesprächspartner hat sich bewusst des Standardspanischen bedient und darauf verzichtet, Elemente des Spanglish aufkommen zu lassen. Um kurz auf die verschiedenen Arten des Spanischen hinzuweisen, die aufgrund der unterschiedlichen Herkunft der Spanischsprecher in den USA entstehen, ist es interessant zu sehen, dass die Frau typische salvadorianische Merkmale wie das aspirierte [s] und das velarisierte [ŋ] trotz Kontakt mit vielen Spanischsprechern mexikanischer Herkunft beibehalten hat. Außerdem ist es faszinierend, dass sie zu dem Wort „supermarket" ein [a] hinzugefügt hat, so dass [super-marketa] entstand. Diese phonologische Anpassung ist aus dem Grund vorgenommen worden, weil der letzte Buchstabe fast nie ein Konsonant ist und noch weniger ein stimmloser alveolarer Okklusiv [t], sondern fast ausschließlich ein Vokal. Phonologische Anpassungen wie diese treten sehr häufig im Spanglish von Los Angeles auf.

Im Bereich der morphophonologischen Anpassung findet eine Kombination aus morphologischer und auch phonologischer statt. Am Beispiel von spanischen Verben kann man dieses Phänomen sehr gut untersuchen. Spanische Infinitive enden mit den Morphemen *-ar*, *-er* oder *–ir*. Dabei ist *-ar* das am häufigsten auftretende Affix. Davon abgeleitet ist die neue spanglische Endung [*-ear*]:

telefonear	to call
lunchear	to eat lunch
chequear	to check
watchear	to watch

Im Fall von *lunchear* sieht man die phonologische und morphologische Anpassung: das spanische Minimalpaar *almorzar* (‚to eat lunch') wurde nicht verwendet, sondern das englische Wort 'lunch' wurde entnommen, um ein neues spanglisches Verb zu formen (vgl. Rothman/Rell 2005: 522).

1.1.2 Semantischer Bereich

Beim Sprachkontakt finden auch Veränderungen in der Semantik statt. Bei Entlehnungen dieser Art gibt es ebenso phonologische Verschiebungen also auch eine neue morphologische Anordnung, damit die Wörter in die Paradigmen der anderen Sprache passen. Beispielsweise wird hier *tener un buen tiempo* anstatt *pasarla bien* für 'to have a good time' verwendet oder *parquear* anstatt *estacionar* für 'to park' (Llombert 2003:3 [Rothman/Rell 2005: 522]). Andere Beispiele, die häufig genannt werden, sind unter anderem *viaje redondo* anstatt *viaje de ida y vuelta* für 'round trip', *te llamo pa'tras* für *I'll call you back* und *voy a ordenar la comida* anstatt *voy a pedir la comida* für 'I'll order food' (Sánchez 2001: 10 [Rothman/Rell 2005: 522]).

Zudem existiert noch eine andere Form der semantischen Anpassung: die Erweiterung des semantischen Feldes von bereits existierenden spanischen Wörtern, so dass sie in ihrer spanglischen Form eine erweiterte Bedeutung haben. Ein typisches Beispiel ist das Verb *realizar*, das im Spanglischen sowohl 'to fulfill', die monolinguale spanische Bedeutung, als auch 'to realize' (eigentlich *darse cuenta*), die übertragene englische Bedeutung hat. *Sensible* kann *sensitive* oder das übertragene englische Wort 'sensible', *sensato*, bedeuten.

4.1.3 Code-Switching

Code-Switching ist ein bilinguales Phänomen, das bei Sprachkontakt auftritt. Bei diesem Vorgang wird von einem Code in einen anderen gewechselt. Diese Codes können Sprachen, aber auch Varietäten sein. In diesem Fall gehe ich von zwei Sprachen aus, nämlich Englisch und Spanisch. Nach Poplack (1981) ist Code-Switching "the alternation of two languages within a single discourse, sentence or constituent." Viele Kritiker bezeichnen es als „haphazard, unstructured phenomenon", in Wirklichkeit ist es eine „highly complex and structured occurrence composed of sociolinguistic categories, which envelop a syntactical system with very real constraints" (Rothman/Rell 2005: 523). Wie regelbehaftet und strukturiert Code-Switching wirklich ist, sieht man an den Einteilungen, die in den grammatikalischen Perspektiven vorgenommen werden kann.

Code-Switching kann aus zwei Sichtweisen betrachtet werden. Zunächst die oben genannte grammatikalische und dann die soziolinguistisch-pragmatische. Die erste beschäftigt sich damit, wann Code-Switching auftritt und an welchen Stellen in einem Gespräch, Satz oder einer Phrase von der einen in die andere Sprache gewechselt werden kann. Außerdem wird festgestellt, welchen grammatikalischen Regeln das Auftreten zugrunde liegt und von welchen Faktoren es beeinflusst wird.

Die zweite Sichtweise befasst sich mit dem Grund, warum Code-Switching auftritt. Es wird untersucht, welche sozialen und psychischen Faktoren dabei eine Rolle spielen und was die Intention des Sprechers ist.

Weiterhin kann die grammatikalische Sicht in folgende verschiedene Arten unterteilt werden: *satzexterner Wechsel* (intersentential oder extrasentential codeswitching) und *satzinterner Wechsel* (intrasentential codeswitching). Satzextern heißt der Wechsel zwischen zwei Sätzen innerhalb eines Gesprächs: *„I am going to the movies tonight. La pelicula "Amores Perros" deberia ser chevere.*[2]". Laut Poplack ist auch der Wechsel zwischen Gliedsätzen möglich: *Sometimes I'll start a sentence in English y terminó en español.*[1]". Satzintern hingehen ist der Wechsel innerhalb eines Satzes: *"That has nothing to do* con que hagan ese. [1]". Und zuletzt wortintern; der Wechsel innerhalb eines Wortes. Das Beispiel wäre: "Estoy *parkeando* el carro, por favor, llamame más tarde. [1]". Diese Art von Codewechsel ist allerdings umstritten.

---

[2] Beispiele entnommen aus Winkelmann 2007: 16

Einige Linguisten sind der Meinung, dass innerhalb eines Wortes der Code nicht gewechselt werden darf, da das Wort sonst grammatikalisch unkorrekt sei.

An diesen Beispielen kann man sehen, welch eine große bilinguale Kompetenz der Sprecher besitzen muss, wenn er Code-Switching anwendet. Er muss die Regeln beider Sprachen gut genug kennen, um die Sprachen in die Paradigmen der jeweils anderen Sprache einsetzen zu können. Deshalb war und ist das Interesse des satzinternen Code-Swichtings auch am größten und es wurde am meisten untersucht (vgl. Winkelmann 2007: 17).

4.1.3.1 Funktionen des Code-Switchings

Die Gründe für Code-Switching sind vielfältig. Zunächst ist ein Grund sicherlich Wortschatzlücken zu überbrücken. Mithilfe von Code-Switching kann man Ausdrucksschwierigkeiten in der einen oder beiden Sprachen mindern. Im Gegensatz dazu kann man mit Code-Switching aber auch etwas genauer ausdrücken.

Ebenso wichtig ist das Ausdrücken von Gefühlen. Giles und Sachdev (2004: 355f [Winkelmann 2007]) führen im Zusammenhang mit Emotionen zwei Wörter ein: *Konvergenz* „ist die Strategie, bei der ein Individuum versucht, sein Kommunikationsverhalten durch linguistische, paralinguistische und nonverbale Merkmale dem seines Gesprächspartners anzupassen und dadurch eine positivere Bewertung von diesem zu erhalten" (Ausdruck von Zuneigung und Anpassung). Von *Divergenz* „spricht man, wenn eine Person mit ihrem Kommunikationsverhalten sprachliche und kulturelle Unterschiede betont, um Distanz zu wahren" (Ausdruck von Rebellion) (Winkelmann 2007: 19). Man erhält Auskunft über eine gewisse Hierarchie im Sprecher-Hörer-Verhältnis. Indem man die Codes wechselt oder beibehält, kann man Personen ausschließen oder sich ihnen annähern. Es wird eine Zugehörigkeit bzw. Abgrenzung eines Sprechers zu einer bestimmten Gruppe ausgedrückt. Damit einfließend trennt man nicht nur die Sprecher voneinander, sondern auch bestimmte Themen. Bekanntlich spricht man mit Familie und Freunden anders als in beruflichen Situationen.

Field (2011: 96) bringt einen weiteren und wichtigen Grund für Code-Switching hervor, nämlich die sozialen Funktionen: "Regarding the motivations for code-switching, many authors recognize the ability of all types of CS to mark or indicate social identity." Bilinguale Sprecher benutzen Code-Switching demnach, um ihre Identität preiszugeben.

Tato Laviera stellt den Identitäskonflikt der Lations sehr gut in folgendem Gedicht dar:

My Graduation Speech

i think in spanish
i write in english

i want to go back to puerto rico,
but i wonder if my kink could live
in ponce, maygüez and carolina

tengo las venas aculturdas
escribo en spanglish
abraham in español
abraham in english
tato in spanish
"taro" in english
tonto in both languages

how are you?
¿cómo estás?
i don't know if i'm coming
or si me fui ya

si me dicen barranquitas, yo reply,
"¿con qué se come eso?"
si me dicen caviar, i digo,
"a new pair of converse sneakers."

ahí supe que estoy jodío
ahí supe que estamos jodíos
english or spanish
spanish or english
spanenglish

now, dig this:

hablo lo inglés matao
hablo lo español matao
no sé leer ninguno bien

so it is, spanglish to matao
what i digo
¡ay, virgen, yo no sé hablar!

5. Schluss

In der vorliegenden Arbeit wurden sowohl linguistische als auch soziolinguistische Aspekte des Spanglish betrachtet.

Es ist herauszustellen, dass die Entstehung des Spanglish aufgrund einiger Gegebenheiten nicht überraschen sollte.

Erstens wäre hier die große und aufstrebende spanischsprechende Minorität in den USA zu nennen, die momentan fast 15% der gesamten Bevölkerung der USA ausmacht und in den nächsten Jahren rapide wachsen wird. Jedes Mitglied dieser Gruppe nähert sich früher oder später dem Englischen an, weswegen die beiden Sprachen miteinander in Kontakt treten. In der Diglossie, die wir in den USA vorfinden, weil in der Gesellschaft mehrere Sprachen gesprochen werden, entstand diese „Mischsprache" Spanglish.

Entscheidend ist eine weitere Tatsache: Fremdsprachen sind in der heutigen Zeit ein Muss und wir Menschen hängen in unserer täglichen Kommunikation von verschiedenen Sprachen ab. Wir sind gezwungen und gewillt zugleich, mehrere Sprachen zu sprechen. Zudem machen sie unsere Identität aus.

Dies sind die besten Voraussetzungen dafür, dass die bilingualen Latinos eine Sprache haben entstehen lassen, die ihrer würdig ist, ihre Identität als Einwohner einer mehrheitlich englischen Bevölkerung mit spanischsprechendem Ursprung darstellt.

In Bezug auf die sprachlichen Erscheinungen lässt sich zusammenfassen, dass es zwei besondere Auffälligkeiten gibt, die Spanglish zu erkennen geben. Auf der einen Seite wären das die lexikalischen Entlehnungen. Diese werden recht schnell vorgenommen. Beispielsweise findet man im Deutschen ebenso viele Anglizismen. Dass im Spanglish das Ausleihen von Wörtern aus der englischen Sprache nicht nur ein Modetrend oder eine vorübergehende Erscheinung ist, liegt wohl an der besonderen Situation der Latinos in den USA. Sie stehen in viel näherem Kontakt zum Englischen und es macht einen Teil ihrer Persönlichkeit aus. Auf der anderen Seite ist Code-Switching sicherlich eines der auffälligsten und interessantesten Merkmale des Spanglish. Einem Teil der inhomogenen spanischsprechenden Gruppe dient es natürlich dazu, fehlende Sprachkenntnisse zu füllen. Dieser Teil mögen neue Immigranten sein, aber auch Latinos, die bisher nicht viel in Kontakt mit der englischen Sprache getreten sind, aber schon Jahre lang in den USA wohnen. Vor allem bilinguale Sprecher benutzten Spanglish, um sich präziser auszudrücken und eine gewisse Einstellung und Persönlichkeit zu offenbaren. Mithilfe von Code-Switching können sie ihre Gedanken und Gefühle besser mitteilen.

In Bezug auf die Homogenität des Spanglish kann man, wie jede Sprache es erlebt, auch hier sagen, dass es große Unterschiede in der Sprache gibt. Wie mehrmals erwähnt, sind die Sprecher des Spanglish sehr unterschiedlich wie eben die Sprache in sich auch. Stavans stellt fest: „The lingo spoken by Cuban Americans is different from the so-called Dominicanish and Nuyorrican Spanglish" (Stavans 2003: 136).

Im Hinblick auf die Bedeutung des Spanglish in den USA kann man behaupten, dass es bereits eine wichtige Rolle spielt und viele Bereiche sich des Spanglish bedienen, um die große Gruppe der Latinos für sich zu gewinnen. Zunächst existieren zahlreiche Zeitschriften auf Spanglish sowie Werbekampagnen, die auf die Bedürfnisse und Wünsche der Spanishsprecher eingehen. Spanglish tritt aber nicht nur in klassischer Werbung auf, sondern auch in der für Politik. Sowohl die Demokraten als auch die Republikaner haben erkannt, wie wichtig die Latino-Wähler sind und werben mit Spanglish für mehr Popularität. Um das Zitat von Richard E. Ferraro aus meiner Einleitung aufzugreifen, muss man nun feststellen, dass sich das Blatt gewendet hat und in dem Fall der Politik nicht mehr Englisch die Sprache des Erfolgs ist, sondern Spanglish.

Inwiefern sich Spanglish entwickelt, ob sich die linguistischen Unterschiede des Spanglish annähern oder einheitlich werden, an welcher Bedeutung es in den nächsten Jahrzehnten aufgrund der am schnellsten steigenden Minderheit in den USA gewinnen wird, lässt sich momentan nur vermuten.

6. Literaturverzeichnis

Ferguson, Charles A. (1959): Diglossia. IN: Huebner, Thorn (Hrsg.): *Sociolinguistic Perspectives. Papers on Language in Society,* 1959-1994. New York/Oxford: Oxford University Press: 25-39.

Ferguson, Ch. A. (1959): *Diglossia.* Word, 15. Aufl.,: 325-340

Field, Fredric (2011): *Bilingualism in the USA: the case oft h Chicano-Latino community.* Amsterdam: John Benjamins Publishing Company.

Fishman, Joshua A. (1988): "'English only': its ghosts, rnyths, and dangers". IN: Coulmas, F. (Hrsg.): *International Journal of the Sociology of Language.* 74. *Language Planning and Attitudes.* Berlin/New York/Amsterdam: Mouton de Gruyter. S.125-140.

Fritzsche, Kathleen (2010): *Spanglish: Spanisch-Englischer Sprachkontakt in den USA. Eine Studie am Beispiel der Sprechergruppen Mexikaner und Puerto Ricaner.* Hamburg: Diplomica Verlag GmbH.

Harding-Esch, Edith (2003): *The bilingual family: a handbook for parents.* Second Edition. Cambridge: Cambridge University Press.

Lipski, John M./Roca, Ana (Hrsgg.) (1993): *Spanish in the United States. Linguistic Contact and Diversity.* Berlin/New York: Mouton de Gruyter.

Lipski, John M. (2003): "La lengua Española en los Estados Unidos: avanza a la vez que retrocede". IN: *Revista Española de la Lingüística* 33, 2. S. 231-260.

Montes-Alcalá, C. (2009): Hispanics in the United States: More than Spanglish. IN: *Camino real.* S. 97-115.

Otheguy, R./Stern, N. (2011): On so-called Spanglish. IN: *International Journal of Bilingualism* März 2011. Vol. 15(1). London: Sage. S. 85-100.

Riehl, Claudia Maria (2009): *Sprachkontaktforschung: eine Einführung.* 2. überarb. Aufl., Tübingen: Narr

Stavans, I. (2003): *Spanglish: the making of a new American language.* New York: Harper-Collins.

Weinreich, Uriel (1976): *Sprachen in Kontakt. Ergebnisse und Probleme der Zweisprachigkeitsforschung.* 1.Aufl., München: Beck.

Winkelmann, Sophia (2007): *Spanglish als Sprache: Grundlagen, Diskussionen und Programme.* Saarbrücken: VDM Verlag Dr. Müller.

Internetquellen

"Census 2010"
Overview of Race and Hispanic Origin: 2010, online unter:
http://www.census.gov/prod/cen2010/briefs/c2010br-02.pdf (Stand: März 2011, letzter
Zugriff: 20.01.2014)

„Census 2010"
The Hispanic Population: 2010, online unter:
http://www.census.gov/prod/cen2010/briefs/c2010br-04.pdf (Stand: Mai 2011, letzter
Zugriff: 21.01.2014)

"Census 2011"
Language Use in the United States, onliner unter:
http://www.census.gov/prod/2013pubs/acs-22.pdf (Stand: August 2013, letzter
Zugriff: 21.01.2014)

Citizen Times Redaktion
„Bevölkerungswachstum in den USA – den Minderheiten sei Dank" (2011), in:
Citizen Times, 28.10.2011, online unter:
http://www.citizentimes.eu/2011/10/28/bevolkerungswachstum-in-den-usa-den-
minderheiten-sei-dank (letzter Zugriff am 21.01.2014).

„hispanic"
Merriam-Webster Online Dictionary, online unter:
http://www.merriam-webster.com/dictionary/hispanic (Stand: 1584, letzter Zugriff:
21.01.2014)

„Latino"
Merriam-Webster Online Dictionary, online unter:
http://www.merriam-webster.com/dictionary/latino (Stand: 1946, letzter Zugriff:
21.01.2014)

Mantilla, Jesús Ruiz
"Más 'speak spanish' que en España" (2008) in: *El País* (06.10.2008), online unter:
http://elpais.com/diario/2008/10/06/cultura/1223244001_850215.html (letzter Zugriff:
23.01.2014)

Ilan Stavans Übersetzung des ersten Kapitels von Don Quijote ins Spanglish

In un placete de La Mancha of which nombre no quiero remembrearme, vivía, not so long ago, uno de esos gentlemen who always tienen una lanza in the rack, una buckler antigua, a skinny caballo y un grayhound para el chase. A cazuela with más beef than mutón, carne choppeada para la dinner, un omelet pa' los Sábados, lentil pa' los Viernes, y algún pigeon como delicacy especial pa' los Domingos, consumían tres cuarers de su income. El resto lo employaba en una coat de broadcloth y en soketes de velvetín pa' los holidays, with sus slippers pa' combinar, while los otros días de la semana él cut a figura de los más finos cloths. Livin with él eran una housekeeper en sus forties, una sobrina not yet twenty y un ladino del field y la marketa que le saddleaba el caballo al gentleman y wieldeaba un hookete pa' podear. El gentleman andaba por allí por los fifty. Era de complexión robusta pero un poco fresco en los bones y una cara leaneada y gaunteada. La gente sabía that él era un early riser y que gustaba mucho huntear. La gente say que su apellido was Quijada or Quesada –hay diferencia de opinión entre aquellos que han escrito sobre el sujeto– but acordando with las muchas conjecturas se entiende que era really Quejada. But all this no tiene mucha importancia pa' nuestro cuento, providiendo que al cuentarlo no nos separemos pa' nada de las verdá.